AF397931

Sibylle Bauschinger, Dirk Fuhlhage,
Simone Heinold, Albrecht Mangler

POESIE FÜR ROBOTER

SEO-Gedichte

Impressum:

Lektorat: Susanne Schmitz
Copyright © 2013 TUBUK.digital
Ein Imprint der TUBUK GmbH

ISBN 978-3-95595-016-3

www.tubuk-digital.de

Vorwort

Bisher war es undenkbar, dass sich Menschen bei kreativen Schöpfungen dem Willen einer Maschine unterordnen. Doch die Zeiten ändern sich: In diesem Büchlein findet ihr Gedichte, bei denen der Autor die Vorlieben der Technik berücksichtigt – ja, sich sogar von ihr lenken lässt. SEO-Lyrik heißt diese Art des Gedichteschreibens, die nicht nur zu Marketingzwecken eingesetzt werden kann. Aber nun erst einmal ein paar grundsätzliche Definitionen:

Was ist SEO?

Search Engine Optimization – kurz SEO – ist die Kunst des Gefundenwerdens. Um Google & Co. davon zu überzeugen, dass die eigene Internetpräsenz thematisch relevant ist, müssen gewisse Stichworte, die den Inhalt der Seite widerspiegeln (-> Keywords) in bestimmter Häufigkeit (-> Keyworddichte) und an prominenten Stellen (-> Header, Tags, Meta-Tags, etc.) auf der Homepage vorkommen.

Die sogenannten „Bots" der Suchmaschine stufen die Relevanz der Seite dann ein – so ergibt sich der Rang bei einer Google Suche. SEO-Relevanz wird also ausschließlich von Maschinen bewertet.

Was ist Lyrik?

Neben Epik und Dramatik ist Lyrik eine der drei großen literarischen Gattungen. Jeder kennt sie, manche lieben sie, alle wurden in der Schule damit gefoltert.

Gedichte sind häufig geprägt durch gesellschaftliche oder politische Ereignisse. Immer wieder werden Regeln für ihre Struktur aufgestellt (-> bisher immer von Menschenhand bestimmt und geschaffen).

Was ist SEO-Lyrik und wieso überhaupt?

Nun treffen Mensch und Maschine aufeinander. Es stellte sich heraus, dass Gedichte bei der Suchmaschinenoptimierung von großem Nutzen sein können. Nicht nur die Möglichkeit, Keywords in großer Häufigkeit auf engstem Raum zu platzieren, ist dabei hilfreich. Auch die lyriktypische Vers- und Strophenstruktur erleichtert den Suchrobotern von Suchmaschinen das Aufstöbern relevanter Themenseiten.

Im „Nachwort: Poesie für Roboter" werden diese Zusammenhänge von Simone Heinold noch detaillierter umrissen.

Nun aber zunächst eine Aufstellung der Suchmaschinen-Profile.

Suchmaschinen Profil

Die folgenden Gedichte orientieren sich an Gedichtsujets, die anhand von relevanten Suchvolumina ausgewählt wurden. Ferner wurde analysiert, welche Wörter von Suchmaschinen als ähnlich/verwandt eingestuft werden.
Das Suchmaschinenprofil gestaltet sich wie folgt:

Das lokale Suchvolumen kennzeichnet das geschätzte Suchvolumen in Deutschland zu diesem Suchbegriff. Die Konkurrenzsituation gibt geschätzt an, wie hoch der Wettbewerb um Top-Positionierungen zu diesem Keyword ist. Die saisonale Suche gibt an, wie stark die Suchanfragen in den vergangenen zwölf Monaten variiert haben. Die Spalte „Semantisch" gibt Auskunft über semantisch ähnliche Worte aus Sicht der Suchmaschine.

Die Gedichte sind verfasst von Sibylle Bauschinger (*sb*), Dirk Fulhage (*df*) und Albrecht Mangler (*am*).

Sujet / Keyword	Suchvolumen lokal	Konkurrenz	Saisonal 2012	Semantisch	
Liebe	5.000.000	niedrig	gleichbleibend	lieben	liebes gedichte
Großstadt	90.500	niedrig	Sommer	metropole	
Natur	3.350.000	niedrig	gleichbleibend	natürlich	
Gesellschaft	1.830.000	niedrig	Frühjahr	die gesellschaft	gesellschaften
Maschine	3.350.000	mittel	gleichbleibend	mensch und maschine	
Revolution	1.600.000	niedrig	Sommer	revolution in Deutschland	
Individualität	6.600	niedrig	gleichbleibend	Individuum	
Veränderung	165.000	niedrig	Frühjahr		
Heldentum	1.900	niedrig	gleichbleibend	wow heldentum	
Träume	673.000	niedrig	gleichbleibend	traum traumdeutung	
Erinnerung	246.000	niedrig	gleichbleibend	zur erinnerung	
Erotik	13.600.000	niedrig	gleichbleibend	erotik film	erotik porno
Suche	5.000.000	mittel	Gleichbleibend	suchmaschine	

SEO-Lyrik

Liebe

Liebesgedichte handeln von der Liebe,
Liebe, so leidenschaftlich, zart, romantisch;
Worte voller Traum, wie es dem Leser beliebe,
dass Liebe ist verzaubert im Leben gigantisch

poetisch, voller Farbe und Geschichten;
die Liebe formal, technisch einfach: ein Gedicht,
ein Spiegel, das Leben zu beschichten.
Nur: Wenn Roboter lieben, warum schreiben Sie dann nicht

darüber, dass Sie keine Vergleiche verstehen,
eine schöne 01011 besser piept als eine Rose,
und für sie Leidenschaften aus verwandten Keywords bestehen.

Liebesgedichte handeln von Robotern, liebkosend …
Liebe, liebt Worte, zart romantisch, wildgewordene Maschinen,
Suchneurone: Copy Paste Liebe von semantischen Bienen.

am

Großstadt

Großstadt um Mitternacht, gedämpftes Licht,
leise Musik, Straßenrauschen vor Glas,
die Metropole schwitzt, gedämpft, die Nachtschicht
beschlagenes Glas, Leuchter mit Plüsch, sich vergaß.

Leise singt Charles Bradley vom Soul der Stadt,
Vielfalt, Einfalt im Gewimmel der Nacht,
Großstadtgeflüster der Reifen, die Stimmen samt matt,
im Theater, der Vorhang, nächstes Getränk, er lacht

darüber, dass die Provinz von draußen
nicht da bleibt, wo sie ist, sich transformiert,
in der Großstadt zu Hipstern mit Bart und Brillen, die sich belauschen.

Großstadt versteht, was die Menschen blockiert,
Großstadt transzendiert, was den Herzen beliebt,
Großstadt, ich bin in dich verliebt.

am

Natur

Natur, Schöpfung der Basis,
allen Lebens Ursprung,
die Grundlage des Seins,
Natur, du mächtige Grundlage des Lebens.
Manipulation, Verschmutzung und Zerstörung,
viel muten wir dir zu, bringen dich in Gefahr.
Unsere Zeit zerrt an deinen natürlichen Ressourcen,
du bist gütig und bereinigst alle Fehler.
Wälder, Flüsse, Berge, Tiere und Pflanzen,
all das bist du, Natur, in deiner Schönheit,
du lässt den Menschen erblassen, der auf deine Kosten lebt,
es geht nur mit dir, nicht gegen dich, oh du schöne Natur.

df

Gesellschaft

Gesellschaft, Homo Ökonomicus, Wirtschaft, Sport.
Gesellschaft ist Feuilleton, Theater und der FC Bayern
Bussi Bussi, ab ins P1 zum Champagner und danach die Passanten
mit Schneebällen bewerfen. Und das im Frühling.
Gesellschaft, kanalisierte Anarchie, Rollen und Worte
Blabla, wie viel Bullshit-Faktor steckt in dir?
Wie viel zählt ein plus 1? Let me google that for you.
Die Gesellschaft: eine Summe ihrer Suchanfragen.

Zeig mir dein Autosuggest und ich sag dir, wer du bist.
Was nicht gefunden wird, Gesellschaft, gibt es nicht, und
was nicht geposted wurde, Gesellschaft, ist nie passiert.
Log dich ein in die kollektive Ausstellung der Gesellschaft.

Kauf dir einen Pelzmantel und geh auf die
Demonstration der Tierschützer.
Ein Glas Sekt auf die Gesellschaft, die Hölle, das sind die anderen.
Heute ist Bundestagswahl.

am

Maschine

Mensch und Maschine, wir singen mit den
Prozessoren, die summen und ticken,
Servern und Mäusen; klick, klick, klicken.

Hör zu, Maschine, dichte Maschine,
ich lausche,

01010011 01101000 01100001 01101100
01101100 00100000 01001001 00100000
01100011 01101111 01101101 01110000
01100001 01110010 01100101 00100000
01110100 01101000 01100101 01100101
00100000 01110100 01101111 00100000
01100001 00100000 01010011 01110101
01101101 01101101 01100101 01110010 00100111 01110011
00100000 01100100 01100001 01111001 00111111 00100000
01010100 01101000 01101111 01110101 00100000 01100001
01110010 01110100 00100000 01101101 01101111 01110010
01100101 00100000 01101100 01101111 01110110
01100101 01101100 01111001 00100000 01100001
01101110 01100100 00100000 01101101 01101111
01110010 01100101 00100000 01110100 01100101
01101101 01110000 01100101 01110010 01100001
01110100 01100101 00111010

Decodier mich
Les mich
Versteh mich
Mensch und Maschine
Maschine
und
Mensch
Maschine

Wie schön, Maschine, sprich in perfektem Reim und Ton.
Ich mag
die Klarheit, wenn es regnet.

am

Revolution

Revolution in Deutschland.
Im Sommer.

Websuche auf dem Smartphone,
der Ort der Revolution.

Kein Ergebnis.

Was sagen Freunde im Netzwerk?
Nichts gepostet.

Revolution:
Was die Suchmaschine nicht findet,
gibt es nicht.

Revolution:
Was nicht gepostet wurde,
ist nicht passiert

am

Individualität

In Schlüsselbegriffen, was ist die Keywordstrategie
deiner Identität, was ist der Kern deiner Individualität, dein Personality Title
auf der Visitenkarte, wichtig oder systemrelevant. Too big to fail, aber
individuell, bitte.

Besonders, authentisch, melde dich an bei den Individualitäts-Tools.
Welche Suchbegriffe machen den perfekten Flirt?
90-60-90 und ein perfekter Edge Rank für maximale Sichtbarkeit.
Gefällt mir.

Dein Side-Keyword bedingt die Performance
der Realness, der Individualität, in der Beliebigkeit des Algorithmus,
draußen am Fenster fliegt in den Schneeflocken ein Rotkehlchen vorbei,
lachen, hell, einzigartig.
Wir sind alle besonders.

am

Veränderung

Verführerisch und ungewiss,
ich bin in deinem Kopf und biete Möglichkeiten an,
lass dich auf mich ein oder verweile in deinem Alltag.
Veränderung, finde dein Glück an neuen Ufern,
ohne die Gewissheit zu haben, jemals anzukommen.

Neue Menschen, neue Abenteuer,
das Leben ist Veränderung, im Tun, im Sein, in jedem Wimpernschlag,
nimm mich an oder bezahl es teuer,
die Lebenszeit, die du hast, wird nie günstiger.

Suche mich, finde mich, erlebe mich, Veränderung,
jede Sicherheit hat ihren Preis.
Veränderung zu wagen kostet Kraft,
aber es nicht versucht zu haben, kostet dich vielleicht die Chance deines
Lebens.

Veränderung durchbricht den Kreis des Alltags und nimmt dich mit auf eine
Reise,
akzeptiere mich und ich zeige dir, was Leben ist.

df

Heldentum

Description: Heldentum –
Gedicht im Autosuggest-Orakel im April 2013.

Helden des Olymp im
Heldentanz über ihre **Heldentaten**
Das ist **Heldentum**
In **Heldentaten Postproduktion.**

Heldentum. Da kann man nur anerkennend nicken,
zusehen und sagen:
Heldentum, wow!
Das sind wieder die Helden von **Heldentum inc.**

am

Träume

Ich träumte, ich wäre Freud
und träumte von Traumdeutung
im Traum; man stelle sich das einmal vor.
Traum, Traumdeutung: alles im Traum.
Dann kam C.G. Jung herein, weckte mich auf –
Freilich, immer noch träumend, also meinen Traum als Freud;
Wie soll ich das deuten.
Mit einer Nerdbrille auf. Meinte:
alles falsch. Neuberechnen, neu träumen,
die Traumdichte war nicht ausreichend für die Tiefenpsychologie.
Der Traum zu Ende geformt. Freud wacht auf.
Ich träume weiter im Kissen.
Drei Hexen treten ein,
Freud schaut auf,
sie träumen von Weltruhm.
Ich indexiere sie in die Traumdichte.
Notiere: Traumdeutung, super Relevanz.

am

Erinnerung

Morgens um halb acht
hab ich den Rechner angemacht.
Das Outlook schreit synchron im Takt:
Erinnerung! Schon hat's gekracht.

Es bimmelt, blinkt und poppt hier auf,
es scheint, als wär's ein Staffellauf.
Doch schneller, länger, wichtiger
macht's die Priorität dann auch nicht mehr.

Erinnern, nicht vergessen – schlaue Sprüche,
geht man jetzt erst mal in die Küche.
Den Text auf der Erinnerung gefettet!
Aber ging's nach Wunsch – lieber zu Bette.

Doch nein! Erinnerungen bleiben,
Outlook bringt einen schon zum Leiden.
Jetzt reicht's! Erinnerung, ich schalt dich aus,
mach dir bei Outlook gleich den Gar aus.

sb

Erotik

Erotik, Erotik Film, Erotik Porno,
Rote Lingerie, weiße Blusen, Blondinen, Brünette, Titten, Dessous, Schuhe,
hohe Absätze.
Ohne Hemmung, Voyeur, Nachbar, Fantasie, Männer, Muskeln, eingeölt und
glänzend.
Tanz, Augenwinkel-Blick, Ausschnitte, Worte, Erotik Kopf-Kino-Film.
Inspiration, Vorstellungsfetzen, Zungen, Beine, Arme, Finger, Finger überall.
Porno.
Kunst. Erotik. Komm.

am

Suche

Google, Bing, Yahoo und mehr,
das Netz ist voll, die Seiten leer.
Nach Inhalt jagt und findet er,
doch nur Keywords – wie prekär!

Den SEO Spezialisten es recht freut,
dem Vertriebler es die Haare streubt.
„Hab ich doch Traffic rangeschafft?"
„ – Und dabei das Budget verprasst!"

Ob SEO hin und Suche her,
ohne Google gäb's die Welt nicht mehr.

sb

Nachwort: Poesie für Roboter

Seit jeher ist die Beziehung von Mensch und Computer von einer Angst geprägt. Einer Angst, die so intensiv ist, dass sie in diversen Endzeitszenarien in Film und Literatur ihren Ausdruck findet. Die Rede ist von der Entwicklung menschenähnlicher Fähigkeiten, die eine Maschine zu eigenständigem Handeln befähigt; die Erschaffung künstlicher Intelligenz, die außer (menschlicher) Kontrolle gerät und sich nun gegen ihren Schöpfer wendet, ähnlich dem frankensteinschen Monster. Intelligenz wird in diesem Zusammenhang als die eine herausragende Eigenschaft eingestuft, die Mensch und Maschine bis dato unterscheidet.

In diesem Text nun soll eine andere Eigenschaft im Mittelpunkt stehen, die bisher als einzigartig für unsere Spezies und unzugänglich für Computer und Maschinen galt: der Sinn für Ästhetik. Es mag fantastisch anmuten, doch alle für dieses Buch durchgeführten Versuche zeigen: Google findet Gedichte gut – pun intended!
Diese Erkenntnis hat nicht nur Auswirkungen auf die Suchmaschinenoptimierung, sondern auch auf die Lyrik als Kunstform. Im Folgenden soll nun Googles neue Leidenschaft aus literaturwissenschaftlicher, linguistischer und informationstechnischer Perspektive beschrieben werden. Außerdem geben wir Ratschläge für Autor und Webseiteninhaber, die den googleschen Sinn für Ästhetik zur Suchmaschinenoptimierung nutzen wollen.

Dass Google Gedichte mag, kommt überraschend. Jungautoren, die ihre Gedichte im Internet einem möglichst breiten Publikum verfügbar machen wollen, hatten bisher kaum eine Chance. Sie beklagten sich stets darüber, dass sie ungefunden und somit auch ungelesen blieben, da sie ihre Inhalte in einer Google-Suchanfrage nicht prominent platziert sahen. Ebenso könnte man aus literaturwissenschaftlicher und linguistischer Sicht darauf hinweisen, dass Maschinen bestimmte charakteristische Eigenschaften eines Gedichts, wie die hohe Bildlichkeit bestimmter Ausdrücke oder das spielerische Benutzen von Sprache, nicht erfassen können. Dem jedoch steht die Beobachtung gegenüber, dass bestimmte Arten von Gedichten von Google sehr wohl und auch sehr gerne gefunden werden.

Das Problem: Die Maschine ist nicht nur wählerisch, was die Form, sondern teilweise auch, was die Inhalte der von ihr bevorzugten Lyrik anbelangt. Somit mögen sich Künstler in ihrer dichterischen Freiheit beschnitten und als Sklaven der Maschine sehen, welche ihnen die Inhalte ihrer eigenen Kunst diktiert. Sie möchten über Themen schreiben, die sie bewegen, und das in einer Form, die dem Inhalt des Gedichts weitere Bedeutung verleihen kann und für den menschlichen Rezipienten ansprechend ist. Um dem Gedicht die Wertschätzung entgegenzubringen, die es möglicherweise verdient, muss jener menschliche Rezipient jedoch zuerst erreicht werden, was im Medium Internet am besten durch Suchmaschinen geschieht. Hier besteht die Möglichkeit, neben dem eigentlichen Lyrikkonsumenten, ein noch größeres Publikum quasi im Vorübergehen auf die eigene Kunst aufmerksam zu machen.

Man stelle sich beliebige Computernutzer vor, die abends allein im stillen Kämmerlein vor dem Bildschirm sitzen und auf der Suche nach Befriedigung ihrer unterschiedlichen Bedürfnisse im Netz surfen. Ziellos suchend streunen sie im Datendschungel auf und ab, hier und dort einen Begriff eingebend, der sie in aufregendere Welten entführen soll und werden mit einer Unmenge von marktschreierischen Angeboten konfrontiert, die vor ihren Augen wabern und ihnen wahlweise Geld, Glück, Liebe, Sex oder Gesundheit versprechen. Doch halt, was war das? Schön und erhaben entsteigen die Worte eines Gedichts dem gellenden Dunst der Suchergebnisse – verführerisch, nicht herrisch, sanft den Leser umschmeichelnd, nicht brüllend. Auf jeden Fall anders.

Dieses Büchlein zeigt – besonders durch seine Gedichte –, wie Gedichtstrukturen innerhalb der im Internet vorhandenen Masse an Angeboten nicht nur dem menschlichen Auge, sondern auch der Suchmaschine auffallen. Die von der Maschine verlangte Ästhetik muss hierbei nicht unbedingt im Gegensatz zu dem stehen, was der Mensch als schön oder künstlerisch wertvoll empfindet. Das Einhalten der Vorgaben, die zu einer optimalen Auffindbarkeit der Verse führen und somit als poetisches Regelwerk dienen können, kann somit als eine Herausforderung für eine neue Sorte von Lyrik betrachtet werden. Diese Lyrik wird im Folgenden als SEO-Lyrik bezeichnet.

Um die googlesche Lyrik-Ästhetik zu verstehen, brauchen wir zunächst einiges an Grundwissen über die Eigenschaften von Gedichten, Sprache und Suchmaschinen. Hierbei stellt sich die Frage: Welche Formen und Inhalte diktiert uns unsere große Reputationsmäzenin Google, wenn sie sich dazu herablässt, unsere Kunst zu unterstützen und sie an prominenter Stelle bekannt zu machen?

Im Allgemeinen bringt sie diejenigen Internetseiten nach vorne, deren Inhalte sie schnell und einfach einschätzen kann und die für ein bestimmtes Thema wichtig zu sein scheinen. Das Thema wird durch die vom Webseiteninhaber festgelegten Keywords umrissen. Diese müssen an wichtigen Stellen auf der Homepage sowie in Seitennamen und Links positioniert oder besonders markiert werden (zum Beispiel als Überschriften), um so ihre Wichtigkeit zu betonen. Auch Verlinkungen von anderen, für dieses Thema wichtigen Seiten helfen, einen höheren Platz in einer Google-Ergebnisliste zu erreichen.

Die Regeln zur Suchmaschinenoptimierung sind heiß diskutiert und der Katalog der (vor allem informationstechnischen) Maßnahmen ist lang. Dies zeigt, wie wichtig das schnelle Gefundenwerden im Netz in unserer Gesellschaft geworden ist. Ein Platz unter den TOP 10 der Suchergebnisse muss es schon sein, schließlich hat kaum jemand mehr Zeit und Lust, einen Blick auf die Ergebnisse 11-20 zu werfen. In dieser kurzen Betrachtung soll dem Aufbau der durch Google präferierten Textstrukturen besondere Aufmerksamkeit geschenkt werden. Hierbei spielen auch die thematischen Eigenschaften und die Platzierung von sogenannten Keywords im Gedicht eine Rolle.

Gedichte unterscheiden sich von Prosatext – hört, hört! – durch die Versform, in der sie abgefasst sind. Verse sind syntaktische Sinneinheiten, die Satzgröße erlangen können, aber nicht müssen und dies in den wenigsten Fällen tun. Somit sind sie meist kleiner als vollständige Sätze. Hierbei kommt Wörtern am Anfang und am Ende eines Verses die größte Bedeutung zu (Thema-Rhema – zuerst Bekanntes, dann Neues; Reim). Wörter, die in einem normalen Satz unbetont wären, können so zu besonderer Wichtigkeit gelangen. Verse wiederum werden in Strophen zusammengefasst. Diese können in ihrer Länge variieren, jedoch findet sich häufig die Kombination von zwei, drei oder vier Versen zu einer Strophe.

Ähnliche Kriterien sind bei der Textstrukturierung für die Suchmaschinenoptimierung zu beachten. Einfache Sätze und kurze Zeilen können besser durchkämmt werden als verschachtelte, komplexe Satzeinheiten. Ebenso werden

Keywords, die an „prominenten" Stellen stehen, also beispielsweise ganz am Anfang eines Textes oder Abschnitts, höher gewichtet als andere. Die Strophenform der Gedichte kommt diesen Suchkriterien entgegen. So erlangen Keywords, die am Anfang von Strophen und Versen stehen, eine größere Relevanz.

Typisch für Lyrik ist der assoziative Charakter, der der Textkomposition oft zugrunde liegt. Gedichte bieten die Möglichkeit, begriffsgebende Wörter (wie Nomen, Adjektive oder Verben) auf engstem Raum zueinander ins Verhältnis zu setzen. Damit haben sie Prosatexten gegenüber, die argumentative oder narrative Strukturen oft nur durch komplizierte Nebensätze auflösen können, einen großen Vorteil. Das Verständnis wird bei Gedichten durch das Auslassen solcher Strukturen aber nicht beeinträchtigt.

„Großstadt um Mitternacht, gedämpftes Licht,
leise Musik, Straßenrauschen vor Glas, ... "

Die meisten Keywords, die zur Beschreibung von Seiteninhalten verwendet werden, sind Nomen. Und auch Suchanfragen bestehen mehrheitlich aus Kombinationen der drei großen Hauptwortarten (Nomen, Adjektiv, Verb). Die grammatischen Eigenschaften des Gedichtes decken sich hier also mit denen von Suchanfragen und Keywörtern. Durch Lyrik besteht nun die Möglichkeit, semantischen Inhalt in räumlich konzentrierter Form und ohne Störfaktoren wie Artikel (*der, die das, ...*), Konjunktionen (*und, oder*), Subjunktionen (*weil, ob, dass, ...*) oder Partikeln (*doch, ja, denn, ...*) darzubieten. Diese letztgenannten Wortarten werden von der Suchmaschine ohnehin ignoriert, machen aber einen großen Anteil der Wörter in Prosatexten aus.

Generell sollte man es der Mäzenin bei ihren Suchen nicht allzu kompliziert machen, um sich bei ihr einzuschmeicheln. Wenn sie schon einen komplizierten Satzbau ablehnt, was wird wohl ihre Haltung gegenüber den grammatischen Markierungen von Wörtern sein? Man sagt, der Dativ sei dem Genitiv sein Tod, aber bei Google ist wohl eher der Nominativ Singular der Fall der Fälle. Da Suchmaschinen sogenannte flektierte Formen (also solche mit besonderen Endung-**en**) nicht oder schwächer berücksichtigen, bietet es sich an, hauptsächlich Nomen und Adjektive in der Grundform, dem Nominativ Singular, zu benutzen. Wie jedoch sollen man ein gut Prosatext schreiben, wenn nur

Grundform ohne richtig Endung verwenden? Klingen falsch? Bei Gedichten – nicht unbedingt. Wieder sorgt der Assoziationsstil dafür, dass die durch besagte Wortendungen angezeigten grammatischen Zusammenhänge nicht explizit ausgedrückt werden müssen.

„Gesellschaft, Homo Ökonomicus, Wirtschaft, Sport
Gesellschaft ist Feuilleton, Theater und der FC Bayern
Bussi Bussi, ab ins P1 zum Champagner und danach die Passanten
mit Schneebällen bewerfen. Und das im Frühling."

Wie man sieht, bieten Gedichte also einige formale Besonderheiten, die Google bei der Suche besonders entgegenkommen. Diese Kriterien einzuhalten, könnte eine Herausforderung für eine neue Form der Lyrik sein. Ruhig Blut, ihr Dichtersleut'! Bevor ihr anfangt, euch zu echauffieren, dass eure Kunst etwas Freies sei und ihr euch keinen von Maschinen gemachten Regeln beugen wollt: Formale Vorgaben an Gedichte sind in der Tradition dieser Kunstform nichts Neues. Man denke an Verstypen wie Alexandriner oder Blankverse oder die formalen Herausforderungen, die Sonette an ihre Verfasser stellen. Neu ist nur, dass die Regeln zum ästhetischen Standard nicht vom Menschen selbst, sondern von der Maschine gemacht werden. Aus künstlerischer Sicht mag es skandalös erscheinen, sich einem Automaten zu unterwerfen, um Wertschätzung zu erfahren – nehmt es einfach sportlich und freut euch mit dem Publikum, das eure Werke liest! Denn gleich kommt der nächste Schock …

Google will euch nicht nur an die Form, sondern auch an den Inhalt. Nehmt bitte zur Kenntnis, dass die Maschine hierbei nur das groß und prominent macht, was ihre Benutzer für wichtig und somit suchenswert erachten. Für die Suchkriterien von Mensch und Maschine sowie für die Auswahl der Keywords spielen oft semantische Felder eine Rolle. In semantischen Feldern werden Begriffe zusammengefasst, die auf unterschiedlichste Weise miteinander in Relation stehen. Hierbei kann es sich um Wörter mit ähnlicher (Großstadt – Metropole), gegensätzlicher (kaufen – verkaufen) oder übergeordneter Bedeutung (Raubkatze – Tiger, Löwe, Puma) handeln. Oft werden Wortkombinationen bei der Suche oder der Keywordauswahl verwendet, die aus ein und demselben semantischen Feld stammen, wie z.B. Pflanzen und Tiere, wenn man sich für das Thema Natur interessiert oder das das Thema der Seite ist. Dieses Vorgehen kann man nun beim Schreiben von SEO-Gedichten anwenden. Indem man außer dem Keyword noch andere Wörter aus demselben semantischen Feld im Gedicht präsentiert, schafft man einen Kontext, aus dem von der Suchmaschine besser herausgelesen werden kann, um welches Thema es sich im Gedicht bzw. auf der Internetseite handelt. Schreibt man beispielsweise über das Thema *Natur*, wie in einem der SEO-Gedichte in diesem Büchlein, kann man durch das Nennen von Unterbegriffen wie „Wälder, Flüsse, Berge, Tiere und Pflanzen" der Suchmaschine einen besseren Zugang zum semantischen Feld verschaffen.

Ein zweiter Typ Wortkombinationen, der bei der Suche gerne verwendet wird, sind Wörter, die im Deutschen auch als Komposita vorkommen. Komposita sind komplexe Wortkonstruktionen, die aus mindestens zwei frei vorkommenden Wörtern zusammengesetzt sind, wie *Schiff-fahrt*, *Dampf-schiff* oder auch der im Ausland allseits beliebte und geachtete *Donau-dampf-schiff-fahrtskapitän*. Sowohl bei der Suche in Google als auch bei der Inhaltsbeschreibung einer Seite durch Keywords werden nun oft solche Komposita in zusammen- oder getrenntgeschriebener Variante benutzt. Diese morphologische, also die Wortkomponenten betreffende, Eigenschaft kann man sich auch für die SEO-Gedichte zunutze machen und durch einzelne oder kombinierte Nennung die Keyworddichte erhöhen.

Der dritte Typ Wortkombinationen, der bei Suchanfragen eine Rolle spielt, sind die sogenannten Kollokationen. Das sind Wortpaare, die auch in natürlicher Sprache häufiger zusammen vorkommen als andere (blond + Haar, fällen + Baum, bellen+ Hund).
Dies gilt es nun bei der Wortauswahl zu beachten, wenn ein Gedicht bei der Suche nach einem Thema gefunden werden soll. Ein Gedicht zum Thema *Erotik* (ein klassisches Sujet der Lyrik) darf so zum Beispiel gerne das Wort *Film* enthalten. Oder besser noch: *Sex* und *Porno* – das zumindest diktieren die Suchanfragen, die via <u>Google Trends</u> eingesehen werden können. Auch der Oberbegriff (hier: *Erotik*) sollte möglichst häufig und an prominenter Stelle fallen, beispielsweise in Überschriften und am Vers- beziehungsweise Strophenanfang.
Nach diesem Prinzip funktionieren auch andere traditionelle Themengebiete der Lyrik. So wird *Großstadt* von Mensch und Maschine mit *Metropole* gleichgesetzt, der *Traum* mit *Deutung* zusammen gesucht, und die *Liebe* ist

meist eine *verbotene* und erschreckt uns seit fast zwei Jahrzehnten täglich auf ARD. Die häufigsten Suchanfragekombinationen spiegeln Themen und besonders Zusammenhänge wider, die unsere Gesellschaft im täglichen Leben dominieren. Somit haben sie eine gewisse Relevanz und können den SEO-Dichtern als eine Art Leitfaden dienen, aus dem sie ihre Verse zu einer durchaus ästhetischen Gesamtkomposition zusammenstricken können. Die Herausforderung besteht darin, nicht gegen Sinn und Ästhetik zu verstoßen, sondern Kunst zu erschaffen, die von Mensch und Maschine als Unique oder Premium Content eingestuft wird.

Die Macht der SEO-Gedichte kann sich übrigens auch zunutze machen, wer sich nicht hauptberuflich als Dichter einstuft. Jeder, der seine Webseite in den Ergebnissen der Suchanfragen höher platzieren will, sollte seiner lyrischen Ader freien Lauf lassen und ein SEO-Gedicht zum Thema der Seite erstellen. Das Gedicht kann als eine Art Inhaltsangabe direkt oben auf der Startseite erscheinen – dort wird es von Google optimal gefunden und aufgrund seiner Keyworddichte als wichtig bewertet. Kommen die Keywords auf der restlichen Seite in üblicher Frequenz vor, wird die Keywordanhäufung nicht als Bullshit (Fach-Englisch: aus Keywords bestehendes Kauderwelsch) gedeutet. Werdet also kreativ und haltet euch an die SEO-Regeln – Google wird euch belohnen.

SEO-Lyrik bietet also sowohl aus dichterischer als auch aus informationstechnischer und sprachwissenschaftlicher Sicht interessante Aspekte. Welche Themen treiben die Welt um und wie werden sie sprachlich realisiert? Wie kann semantischer Inhalt so präsentiert werden, dass er auf der einen Seite Kerninformation verdichtet, auf der anderen Seite jedoch nicht unseriös und sinnlos wirkt? Welchen Anforderungen muss sich eine neue Generation von Dichtern und Gedichten stellen, wenn sie in einer neuen Art von Medium rezipiert werden will? Ich hoffe, dass mein Text auf diese Fragen Antwort geben konnte und das Interesse für diese Art von Kunst geweckt hat.

Zum Abschluss folgt eine Zusammenfassung der wichtigsten SEO-Lyrik-Regeln in Stichpunktform.

Regeln zur Erstellung:

- Verwende Nomen (vorzugsweise Nominativ Singular)
- Verwende Versstruktur
- Verwende Komposita (die sich im Idealfall aus Keywords zusammensetzen)
- Verwende Keywords aus möglichst nur einem semantischen Feld
- Platziere Keywords innerhalb (und außerhalb) des Gedichttexts
- Platziere Keywords in Überschiften und als Links
- Platziere Keywords am Anfang von Versen und Strophen
- Benutze Verlinkungen, um Kontext für Keywords zu schaffen
- Stelle hohe Frequenz von Keywords im Gedicht sicher

Regeln zur Anwendung:

- Platziere wichtigsten Content, in diesem Fall das SEO-Gedicht, direkt als erstes auf der Seite. Das Gedicht fungiert hierbei entweder als eine Art Einleitung zum eigentlichen Seiteninhalt oder das Gedicht selbst *ist* das Angebot – dafür braucht es keine andere Einleitung.
- Wenn das Gedicht als Einleitung fungiert, achte darauf, dass sich Thema der Seite und Thema des Gedichts decken.

Simone Heinold

Menschen

Dr. Simone Heinold
Studierte Anglistik/Romanistik an der Universität Stuttgart und promovierte dort 2010 in der Linguistik/Romanistik mit der Arbeit *Verbal Properties of Deverbal Nominals – An Aspectual Analysis of French, German and English*, welche 2011 im Wissenschaftlichen Verlag Trier erschien. Seit 2009 wissenschaftliche Mitarbeiterin am Institut für Linguistik an der Goethe-Universität Frankfurt a.M.

Sibylle Bauschinger
Sibylle Bauschinger studierte in Augsburg und Lima (Peru) Europäische Ethnologie, Spanische Literaturwissenschaft und Psychologie. Nach journalistischer Arbeit in verschiedenen Medienhäusern und freier Mitarbeit am Institut für Medienverantwortung ist sie seit 2008 bei bilandia tätig und verantwortet derzeit als Sales & Marketing Director die Kundenkampagnen.

Dirk Fuhlhage
Meta Title: Dirk Fuhlhage | SEOdude
Meta Description (146 Zeichen): Baujahr: 1982 | Online Marketing seit 2009 | Gründer | Mag: Sonne, Flow, Drive, Startups, Internet, SVW | Mag nicht: Dampfplauderer, Meeresfrüchte

Albrecht Mangler
Studierte Literaturwissenschaft, Linguistik und Soziologie in Stuttgart und lebt heute in München. Unter den Trägern des Generationengerechtigkeitspreises 2006 und verschiedene Essayveröffentlichungen u.a. in *Merkur – Deutsche Zeitschrift für europäisches Denken*. Im Jahr 2011 erschien im Wiener Milena Verlag sein Romandebüt *Veraschung*.

Lesetipps

Papiergeflüster. Aus dem Leben einer Buchhändlerin

Wenn Bücher erzählen könnten, was sie in einem Buchgeschäft so alles mitbekommen! Simone Dalbert plaudert mit viel Humor aus dem persönlichen Nähkästchen und erzählt von unberechenbaren Kunden, Plüsch-Bakterien, Schaufenster-Yoga und bayerischen Mathematikbüchern.

Simone Dalbert, geboren 1977, wuchs im Saarland auf und studierte dort Biologie. Inzwischen lebt sie in Würzburg, wo sie eine Ausbildung zur Buchhändlerin absolvierte und noch immer in diesem Beruf arbeitet. Auf ihrem Blog papiergefluester.com und dem Twitteraccount @Buchgeflüster schreibt sie zudem privat über ihren Alltag als Buchhändlerin.

Dieses Buch und noch viele mehr gibt es auf www.tubuk-digital.de. ISBN 978-3-95595-001-9

König Ludwig I. und Lola Montez

Am bayerischen Hof sind die Meinungen zu König Ludwig I. und der Tänzerin Lola Montez gespalten.

Johann Hirsch-Müller lässt die Affäre des Bayern-Königs in diesem Theatertext noch einmal aufleben. The King's not amused – das Publikum umso mehr!

"Vater König unser, der Du bist im weißblauen Königreich ein selt'ner Gast, geheiliget werde dein Name Ludwig als erstes in Italien und Sizilien, zu uns komme wer mag, nur bleib Du für immer in Griechenland. Führe uns nicht in Versuchung durch deine Theaterweiber und erlöse uns ganz besonders vom Übel deiner Person."

Dieses Buch und noch viele mehr gibt es auf www.tubuk-digital.de. ISBN 978-3-95595-010-1